DE L'ALTÉRATION DES DENTS,

DES MOYENS

DE LA PRÉVENIR ET D'Y REMÉDIER.

IMPRIMERIE DE Vᵉ DONDEY-DUPRÉ,
RUE SAINT-LOUIS, 46, AU MARAIS.

MÉMOIRE

DU DOCTEUR DE VILLEMUR,

CHIRURGIEN-DENTISTE,

MEMBRE DE LA SOCIÉTÉ MÉDICO-PRATIQUE DE PARIS, ETC., ETC.

PRIX : 2 FR.

SE VEND CHEZ L'AUTEUR,

RUE VIVIENNE, 34.

PARIS 1838

DE L'ALTÉRATION DES DENTS,

DES MOYENS

DE LA PRÉVENIR ET D'Y REMÉDIER.

PAR LE DOCTEUR DE VILLEMUR,

CHIRURGIEN-DENTISTE.

Depuis les travaux des anatomistes modernes, et surtout depuis les belles recherches de l'illustre Cuvier, sur la structure des dents, on sait que ces organes ne peuvent plus être rangés parmi les os; mais, malgré les progrès de la physiologie, la pathologie dentaire a continué à suivre sa nomenclature et ses procédés routiniers, et on a persisté à nommer carie la destruction des dents. Ce mot, qui ferait supposer que ces organes sont, comme les os, susceptibles de s'enflammer et de s'ulcérer, a nui plus qu'on ne pense aux moyens de remédier à leur altération. Pour faire cesser de pareils inconvéniens, c'est du nom *d'érosion* que j'appellerai cette destruction dont les dents sont atteintes. Elle est en tout semblable à la destruction du fer par la rouille : comment pourrait-il en être autrement ? les dents sont des produits de la sécrétion, en tout presque semblables à ceux des cheveux et des ongles, ne jouissant d'aucune sensibilité, excepté celles des jeunes sujets, qui en conservent dans la ligne de séparation qui unit l'émail à l'ivoire, et qui est due évidemment à une portion de la membrane qui a sécrété l'émail. Dans la vieillesse cette membrane a cessé d'être organisée : aussi, vers cette époque, on peut limer et perforer les dents sans craindre de développer la moindre sensibilité, pourvu toutefois qu'on n'arrive pas à la papille dentaire. Des nerfs et des vaisseaux, les premiers sont fournis par la cinquième paire, et les seconds par l'artère maxillaire interne; et les veines, ses satellites, vont se rendre par divers rameaux dans des loges nommées alvéoles, qui sont contenues dans l'épaisseur des os maxillaires; ils s'y terminent par des renflemens semblables, pour la forme, aux dents qui doivent les loger. Ce sont ces renflemens vasculo-nerveux, qui portent le nom de *ganglions*, *follicules*, *germes*, etc., de la dent; ce sont eux qui la sécrètent, de la même manière qu'un limaçon sécrète sa coquille, à l'exception toutefois de l'émail qui enveloppe la couronne, et qui est le produit d'une membrane ou kyste, qui coiffe le follicule dentaire, et sur lequel l'émail est sécrété, ou plutôt exludé.

D'après ce court exposé de l'organisation dentaire, mais suffisant pour l'intelligence du sujet que nous nous sommes proposé de traiter, il est facile de concevoir que la pulpe ou papille est la seule partie de la dent organisée, la seule qui soit sensible et susceptible de contracter des maladies dont l'existence se manifeste par ces douleurs atroces qu'on appelle odontalgies. Ces maladies jusqu'à présent avaient nécessité l'extraction de la dent, et, comme si les dentistes avaient pris à tâche de justifier le célèbre axiome médical (sublatâ causâ tollitur effectus), la douleur disparaissait toujours avec la cause qui l'avait produite. Ce soulagement coûtait cher, puisqu'on ne l'obtenait qu'au prix de la perte d'un organe de la plus grande utilité, mais dont on ne ressent réellement la valeur que lorsqu'on ne le possède plus; c'est à prévenir une si cruelle mutilation que je me suis appliqué. Mes recherches ont eu pour but non seulement de préserver la dent de la destruction, mais encore de guérir son follicule lorsqu'il est affecté; je crois être arrivé à des résultats satisfaisans; on en jugera, du reste, par quelques exposés des succès que j'ai obtenus et que je rapporte plus loin.

Au milieu du mouvement progressif des sciences et des arts, on a lieu de s'étonner que les moyens de remédier aux altérations et aux douleurs de dents soient restés ce qu'ils étaient du temps d'Hippocrate et de Galien :

Cependant des hommes spéciaux se sont de tout temps occupés à conserver et à remplacer ces précieux organes; ils sont parvenus à remplir, passablement la seconde partie de leur tâche, toute mécanique, il est vrai; mais quant à la première, c'est-à-dire la conservation des dents, elle est encore livrée à la plus aveugle routine.

Si l'on cherche les causes d'un pareil état de choses, on les trouvera sans peine dans la permission que les jury médicaux donnent d'exercer une branche de la médecine et de la chirurgie à des hommes qui ne possèdent pas les connaissances nécessaires; mais par habitude, ou par une négligence coupable, on donne à des ouvriers orfèvres, ivoiriers et autres, qui ont appris à tailler une dent, la permission d'exercer la médecine et la chirurgie, pourvu toutefois qu'ils ne portent pas leurs soins sur d'autres parties du corps que celles renfermées dans la cavité orale, comme si, pour traiter les maladies de la bouche (prétention que tous les dentistes s'arrogent), il ne fallait pas avoir autant de science et de talent que pour guérir les maladies des autres régions du corps! mais je n'ai pas la prétention de traiter ce point de législation médicale, et j'arrive à mon sujet qui a pour but la solution des propositions suivantes.

Quels sont les moyens d'empêcher les dents de s'altérer?

Une fois les dents altérées, est-il possible de remédier à cette altération? et si cela est possible, quels sont les moyens à mettre en usage?

Avant de résoudre la première de ces propositions, qu'il nous soit permis de jeter un coup d'œil sur cette altération, qui jusqu'à présent a été désignée sous le nom de *carie*, et que nous nommons *érosion :* sans entrer dans de grands développemens sur les causes qui la produisent, nous dirons que *l'érosion* des dents avait été considérée jusqu'à ce jour comme le produit d'une maladie de la substance dentaire : c'est-à-dire que, jugeant par analogie, plutôt que d'après l'observation directe, on croyait qu'une dent pouvait, comme les os, s'enflammer et s'ulcérer.

Mais aujourd'hui qu'on a acquis des connaissances précises sur la structure de ces organes, et qu'on sait positivement que ce sont des corps inorganisés, et par conséquent tout-à-fait insensibles, il n'est plus permis de croire à leurs maladies, mais seulement à leur destruction par les agens chimiques engendrés tant dans la bouche que dans l'estomac.

C'est par leur contact prolongé avec ces produits presque toujours acides que les dents *s'érodent* et ne se *carient* point.

Il découle naturellement de la connaissance de ces causes que pour prévenir la *destruction* ou *érosion* des dents, il suffira d'avoir soin de sa bouche, et de soustraire les organes dentaires à l'influence des agens destructeurs qu'elle sécrète : ces soins consisteront à enlever, soir et matin, les portions d'alimens qui auraient pu s'engager dans les intervalles qui les séparent ; on enlèvera aussi ce sédiment jaunâtre qui forme le tartre, et qui est le produit incessant de la sécrétion des glandes mucipares de la cavité orale. Quelques auteurs ont pensé que ce produit était fourni par des glandes spéciales, affectées à cet usage, et qui garnissaient le pourtour du collet dentaire.

Dans le monde, et chez la plus grande partie des dentistes, on croit généralement qu'il y a des natures de dents qu'on ne peut soustraire à l'érosion, quels que soient les soins que l'on prenne de sa bouche ; c'est une erreur funeste, et qui, j'espère, sera déracinée chez les personnes qui liront ce mémoire. Je ne nie pas qu'il existe des dents beaucoup plus facilement altérables que d'autres, les causes de destruction étant les mêmes ; mais ce qu'il y a de sûr, c'est qu'il n'y en a pas, quelle que soit leur organisation, qui soient à l'abri de *l'érosion* lorsqu'elles sont soumises aux causes qui la produisent, comme aussi il n'en existe pas que l'on ne puisse préserver de cette altération et conserver intactes, quelle que soit la faible quantité de sels terreux qui entrent dans leur composition, si l'on suit les conseils que je viens de donner. Pour qu'ils soient efficaces, il n'est pas inutile que j'enseigne de quelle manière on doit les mettre en pratique, car la brosse, qui est l'instrument indispensable, occasionne de grands désordres dans la bouche des personnes qui ne savent pas s'en servir. Il est nécessaire que cet instrument soit composé de crins assez forts pour qu'ils puissent faire l'office de cure-dents; après avoir pris une gorgée d'un liquide aiguisé avec quelques gouttes d'une teinture alcoolique appropriée à l'état des gencives, on promènera la brosse sur elles et sur les dents des deux mâchoires, en la faisant agir de haut en bas pour la mâchoire supérieure, et de bas en haut pour l'inférieure; on ne négligera pas de promener cet instrument sur les tubercules des dents molaires et sur la face linguale ou interne des dents. Si ces moyens sont mis en usage tous les jours et de la manière que je viens de l'indiquer, il est de toute impossibilité que les dents s'érodent : l'érosion étant, comme nous l'avons dit, le résultat du séjour d'agens chimiques entre ces organes, ou dans les rainures qui séparent les tubercules des dents molaires, on ne leur laissera pas le temps d'agir.

Lorsque les moyens que nous venons d'indiquer n'ont pas été mis en usage, il est bien rare qu'à une certaine époque de la vie on n'ait pas plusieurs dents érodées.

L'érosion a deux périodes bien faciles à distinguer : dans la première, l'érosion n'ayant point pénétré jusqu'à la papille dentaire, la dent ne fait éprouver aucune douleur; dans la seconde, au contraire, la dent détruite jusqu'à l'organe qui l'a sécrétée, celui-ci, qui n'est autre que la papille, est irrité tant par les produits de sécrétion, qui ont érodé son enveloppe protectrice, que par les corps chauds ou froids avec lesquels il peut se trouver en contact. Dans les commencemens on éprouve des douleurs sourdes, qui se reproduisent à des intervalles indéterminés, et dont l'intensité augmente en raison directe du temps qui s'est écoulé depuis leur première apparition; ces douleurs portent le nom d'odontalgies: elles acquièrent en général un tel degré d'intensité, que les malades sont poussés irrésistiblement à faire ôter l'organe qui les produit. Pour éviter donc un pareil sacrifice, il faut consulter aussitôt que les premières douleurs apparaîtront; plus tard la papille dentaire est tellement désorganisée, qu'il est impossible de calmer la douleur autrement que par l'extraction de la dent, qui entraîne avec elle la papille, alors, la cause cessant d'exister, la douleur disparaît.

Le dentiste, pour remédier à l'érosion des dents, devra se conduire de la manière suivante : si l'érosion a attaqué quelqu'une des dents incisives, et qu'elle en soit à sa première période, comme c'est presque toujours par leurs côtés que l'altération a lieu, il est rare qu'elles soient assez écartées pour qu'on puisse remplir leur cavité de feuilles d'or ou d'un autre métal, pour les mettre à l'abri des agens destructeurs; alors, au moyen d'un instrument (1) sur lequel on peut adapter des fraises de toutes grandeurs et dans toutes les directions, on évide la dent par derrière, de manière à ce que les matières sécrétées ou ingérées ne puissent plus séjourner dans la cavité de la dent *érodée*. On évitera, en agissant ainsi, de déformer les dents, comme on le fait souvent par la routine, en voulant arrêter *l'érosion* au moyen de la lime, car on produit alors des brèches énormes sur le devant de la bouche, et très-souvent même on n'arrête pas *l'érosion*, tout en ayant ôté aux dents la grâce que leur donnait une régularité symétrique.

Si, contre l'ordinaire, la cavité de la dent était accessible aux instrumens, il vaudrait mieux alors ruginer toutes les parties ramollies par *l'érosion*, et remplir ensuite la cavité de feuilles d'or, après l'avoir disposée d'une manière convenable.

(J'emploie des feuilles d'or pour les dents incisives et canines, de préférence aux feuilles de

---

(1) On trouve cet instrument chez Charrière, rue de l'École-de-Médecine.

plomb et à l'alliage fusible, parce que ces métaux laissant percer leurs couleurs à travers l'émail des dents, celles-ci doivent nécessairement paraître noires.)

Si ce sont des dents molaires qui sont *érodées*, et que ce soit toujours à la première période, on ruginera bien l'intérieur de la cavité, et, si l'entrée est plus large que le fond, comme alors le métal ne tiendrait pas solidement, on agrandira, au moyen d'une fraise, le fond de la cavité; après quoi on la remplira de métal fusible, de préférence aux feuilles d'or, si elle a une certaine capacité, parce que, dans ce cas, il est très-difficile de tasser les feuilles d'or assez exactement pour ne pas permettre aux liquides de la bouche de s'introduire entre elles et les parois de la cavité dentaire; le métal fusible, au contraire, la remplit exactement, et, comme en outre il faut le chauffer pour le fondre, il a l'avantage de volatiliser le reste des agens destructeurs qu'on aurait pu ne pas enlever avec la rugine ou la fraise. L'érosion arrivée à sa seconde période, c'est-à-dire à celle où la papille irritée a déterminé des douleurs odontalgiques ; si la dent vaut encore la peine d'être conservée, il faudra s'assurer si l'irritation est bornée au follicule dentaire, ou si elle s'est communiquée au cordon vasculo-nerveux dont il provient, et qui est situé en dehors de la cavité dentaire; cet examen sera facile, car il résulte de l'observation que toutes les fois qu'en pressant sur les dents on exalte la douleur, le cordon nerveux est alors affecté et une fluxion ne tarde pas à se produire, si on ne fait au plus tôt arracher la dent; bien souvent même, si on attend pour faire ce sacrifice que la fluxion ait commencé, on ne parvient pas toujours à en arrêter les progrès.

Une fois qu'on s'est assuré que la cause des douleurs est bornée à la papille dentaire, s'il n'y a pas très-long-temps qu'on souffre de la dent, on pourra essayer de la conserver en agissant comme ci-après.

Lorsqu'on aura nettoyé la cavité de la dent douloureuse des corps étrangers qu'elle contient, on y introduira une petite quantité de nitrate d'argent cristallisé, enveloppé dans un peu de co-

2

ton; on fermera exactement la cavité avec de la cire, et on laissera les choses en cet état jusqu'au lendemain (presque toujours, quelques minutes après l'introduction du caustique, la douleur cesse); le lendemain donc, on ôte le coton et la cire introduits la veille dans la cavité, et on les remplace par un peu de coton imbibé de vin aromatique, ou d'un élixir tonique et astringent; on continue ce traitement pendant six ou huit jours, temps nécessaire à la cicatrisation de la plaie que le caustique a produite sur la papille.

Après que les douleurs ont complètement disparu, on oblitère la cavité de la dent, comme nous l'avons dit ci-dessus.

De tous les malades que j'ai traités par cette méthode, tous ceux qui sont venus après avoir souffert de leur dent une ou deux fois seulement, ont été guéris radicalement; beaucoup d'autres, qui en souffraient depuis long-temps, ont été guéris aussi; mais quelques-uns, parmi ceux-là, ont été obligés de se soumettre plus tard à l'extraction. Presque tous les caustiques, tant acides qu'alkalins, peuvent produire le même résultat que le cautère actuel et le nitrate d'argent; mais j'ai choisi de préférence ce dernier, parce qu'il n'effraie point comme le fer rouge, qui d'ailleurs ne peut être employé que rarement, et qu'il ne détermine pas à beaucoup près autant de douleur que les autres. C'est dans cette période qu'on a mis en usage un si grand nombre de remèdes, depuis la goutte d'ail brûlante *d'Ambroise Paré* jusqu'à la *Créosote-Billard;* tous ont joui d'une certaine vogue, parce que le désir d'être soulagé, d'une part, et l'appât du gain, de l'autre, leur ont permis de vivre et de se succéder mutuellement : il en sera malheureusement toujours ainsi, malgré les progrès des lumières, parce qu'il y aura toujours assez de gens pour les accréditer. Il suffira qu'on ait vu un de ces mille médicamens réussir une fois dans une douleur odontalgique quelconque, pour qu'aussitôt on aille prôner partout son infaillibilité dans tous les cas. Mais à la troisième ou à la quatrième réapparition des douleurs, le remède ne réussit plus : ordinairement, en effet, dans l'odontalgie, la papille qui cause la souffrance étant à peine altérée dans les commencemens, la moindre modification apportée dans sa manière d'être suffit pour soulager, et dans ce cas on obtient le plus grand succès des acides, des alkalis, tels que l'ammoniaque, les teintures alcooliques concentrées, les essences, les huiles essentielles, etc., parce que toutes ces substances agissent à la manière des caustiques, et que les vaisseaux de la papille dentaire, qui étaient dilatés par le sang, sont crispés par ces médicamens; de sorte que la pression que les nerfs papillaires supportaient contre les parois inextensibles de la cavité dentaire cesse aussitôt, ainsi que la douleur qui en résultait; mais plus tard l'irritation papillaire étant plus intense, tous les remèdes qu'on y applique ne servent qu'à l'irriter davantage, à moins qu'on ne parvienne à la désorganiser complètement, ou du moins très-profondément; alors la douleur cesse pour un mois tout au plus; au bout de ce temps il est presque toujours urgent d'arracher la dent. S'il en eût été autrement, j'avais trouvé un remède vraiment merveilleux, et qui enlevait le mal comme avec la main : sitôt qu'un morceau de coton imbibé de ce médicament était introduit dans la cavité d'une dent douloureuse, la douleur devenait aussitôt extrêmement violente;

mais elle disparaissait presque subitement; alors la dent, complètement insensible, pouvait être plombée et servir immédiatement à la mastication, comme si elle n'avait jamais été malade : cet état persistait tout au plus pendant trois semaines, au bout desquelles l'escarre étant sans doute détachée avant que la cicatrisation ne fût opérée, l'inflammation se communiquait au cordon nerveux, et l'extraction de la dent devenait indispensable.

J'ai essayé le caustique de Vienne sur une vingtaine de personnes, il a presque toujours réussi; mais les douleurs violentes qu'il détermine m'y ont fait renoncer; de sorte qu'à présent je n'emploie que le nitrate d'argent, qui réussit tout aussi souvent, et qui n'a pas le désagrément de faire souffrir comme le précédent.

Voici, du reste, la manière dont il agit :

Le 1er octobre 1837, Mlle C... vint me trouver pour se faire arracher la première grosse molaire du côté droit de la mâchoire supérieure; c'était la troisième fois qu'elle en souffrait; *l'érosion* n'avait pas produit de grands désordres sur l'organe, de sorte qu'il pouvait encore servir à la mastication. Après m'être assuré que le cordon nerveux n'était point enflammé, je proposai à Mlle C... de lui conserver sa dent sans la faire souffrir : elle accepta ma proposition avec d'autant plus d'empressement qu'elle craignait beaucoup l'extraction. Après avoir nettoyé la cavité de la dent des corps étrangers qu'elle contenait, j'enveloppai un peu de nitrate d'argent cristallisé dans du coton, je le plaçai dans la cavité dentaire, et l'y maintins avec de la cire; au bout d'une minute à peu près, la douleur cessa complètement, le lendemain la douleur n'avait pas encore reparu, je mis dans la cavité du coton imbibé d'un élixir tonique et astringent, que je conseille toutes les fois que les gencives sont ramollies; je recommandai à Mlle C... de renouveler elle-même ce pansement deux fois par jour. Au bout de trois jours elle vint me revoir; quoique elle eût suivi exactement mes conseils, elle ressentait un peu de douleur lorsqu'on appuyait sur la dent; je fis continuer l'usage de l'élixir, et le cinquième jour Mlle C... n'éprouvant plus la moindre douleur, je plombai sa dent, et depuis lors elle s'en est servie comme si elle n'avait jamais été gâtée.

Je pourrais multiplier cet exemple à l'infini; mais comme dans tous les cas les choses se sont passées à peu près de même, je m'en tiendrai à cette seule observation, dont il sera facile de vérifier l'exactitude en employant le même procédé.

BIBLIOTHEQUE ROYALE
I

www.ingramcontent.com/pod-product-compliance
Ingram Content Group UK Ltd.
Pitfield, Milton Keynes, MK11 3LW, UK
UKHW021048260726
13994UKWH00005B/2393

9 782329 167107